# चूल्हा, चौपाल और बचपन

## मेरे बचपन की यादें

Neha Sharma

BookLeaf Publishing
India | USA | UK

Made with ❤ on the BookLeaf Publishing Platform
www.bookleafpub.in
www.bookleafpub.com

# Dedication

मैं यह पुस्तक सादर समर्पित करती हूँ अपनी अम्मा और बाबा को, जो मेरे जीवन में सबसे अमूल्य, सबसे स्नेहिल और सबसे आत्मीय व्यक्ति रहे हैं – श्री बिशंबर दयाल शर्मा और श्रीमती प्रकाशी देवी को, जिन्होंने मेरा बचपन निश्छल प्रेम, अतुलनीय स्नेह, लाड़-दुलार और अविस्मरणीय स्मृतियों से भर दिया।

काश मैं यह पुस्तक उन्हें स्वयं सौंपकर धन्यवाद कह पाती, मगर दुर्भाग्यवश यह पुस्तक अब केवल उनके सान्निध्य और स्मृति का एक साधन है।

मैं यह पुस्तक अपने पिता को भी समर्पित करती हूँ, ताकि वे इसके माध्यम से अपने बचपन के घर और माता-पिता से दोबारा जुड़ सके। साथ ही यह समर्पण मेरे भाई-बहनों के नाम भी है, जो उस घर और अम्मा-बाबा के साथ बिताए उन सुनहरे लम्हों और स्मृतियों का हिस्सा रहे हैं।

यह पुस्तक उन बीते दिनों को समर्पित है जब गर्मियों की छुट्टियों में गाँव जाना साल का सबसे प्रतीक्षित पल हुआ करता था, और जब जीवन साधारण साधनों में भी सादगी और आनंद से भरपूर हुआ करता था।

# Preface

यह पुस्तक उन सभी सुहाने, अविस्मरणीय और अनमोल स्मृतियों का स्मरण है जो मैंने अपने गाँव के घर में अपने अम्मा-बाबा के साथ बिताए थे। यह मेरे बचपन की उन व्यक्तिगत, स्नेहिल यादों का लेखा-जोखा है जिन्हें मैं शब्दों में सहेजकर रखना चाहती हूँ। यह पुस्तक मेरे अम्मा-बाबा को समर्पित है जिन्होंने मेरे व्यक्तित्व को गढ़ने में एक महत्त्वपूर्ण भूमिका निभाई है। चूँकि शब्द मेरे भावों का प्रतिबिंब और दुनिया को देखने का मेरा माध्यम है, मैंने पूरी ईमानदारी और विस्तृत विवरण के साथ उस स्थान और उन लोगों का चित्रण करने का प्रयास किया है, जिन्होंने मेरे जीवन का सबसे खूबसूरत हिस्सा रचा है।

# Acknowledgements

मैं अपने अम्मा और बाबा का हृदय से धन्यवाद करती हूँ जिन्होंने मुझे स्मृतियों की यह विरासत दी, जिसे मैं इस पुस्तक में शब्दों के माध्यम से व्यक्त कर पाई हूँ। मैं अपने माता–पिता की असीम आभारी हूँ जिन्होंने मुझे आगे बढ़ने और उन रचनाओं को प्रकाशित करने के लिए प्रेरित किया जो मैंने केवल उन्हीं के साथ साझा की थीं। मैं अपने भाई और बहन का भी धन्यवाद करती हूँ जो मेरे बचपन का हिस्सा रहे और उस समय को अविस्मरणीय बनाया। अगर मैं यह पुस्तक आप सब के साथ साझा न कर पाती, तो इसका कोई अर्थ नहीं होता। यह आप सब के लिए है कि मैंने पूरी निष्ठा से अपना हृदय और मन इसके पन्नों में उड़ेल दिए हैं। यह पुस्तक केवल कविताओं का संग्रह नहीं है, बल्कि यह हमें अपने बचपन के उन सुनहरे दिनों तक लौटने का एक रास्ता है।

# 1. नीम की छाँव

मेरा घर मेरा गाँव और वो नीम की छाँव
सारे आंगन में दौड़ते वो नन्हे-नन्हे पाँव
जैसे बरसों पुराना वो लिये पीढियों की कहानी
बोल पाता अगर तो कहता अपनी ज़ुबानी
कभी खुशियों की बातें तो कभी धूप सुहानी
कभी हवा का झोंका तो कभी बरसता पानी

जैसे कांधे पर झूले का भार
बिखेरता खिलखिलाहट और मुस्कुराहटें हज़ार
बिलकुल वैसे जैसे अम्मा बाबा का दुलार
ना थकन, ना गुस्सा बस बेशुमार प्यार

दोपहर की धूप में आँचल जैसा
गर्मी की लू में ठंडे झोंके देता
पत्तियों की सरसराहट जैसे लोरी हो सुनाता
और झट से झपकी को गहरी नींद में सुलाता

सिर्फ पेड़ नहीं वो आत्मा थी घर की
जिसने वफ़ादारी भी उम्र भर की
पीढ़ियों को अपनी छाँव में सुलाया
और मिट्टी के मकान को सम्पूर्ण घर बनाया

कहीं भी जाऊँ मैं, जब नीम दिखता है
उसमें अपना बचपन असीम दिखता है

जैसे अपना सा है हर पेड़ ये मेरा
हरे रंग का है पर मुझे रंगीन दिखता है

अगर सुनता तो मैं कहती उसे
थोड़ी देर गले लगा के रहती उसे
उन हर किस्से कहानियों का साक्षी होने के लिए
दिल से आभार देती उसे

जब कभी मैं अपना एक घर बनाऊंगी
एक नीम करेगा साथ शुरू मेरे सफर
मेरा गाँव रहेगा साथ मेरे, चाहे हो कोई शहर
और लौट आएगी मेरे गाँव की वो हर एक दोपहर

# 2. मिट्टी की गलियों में

गाँव का खड़ंजा, वो टूटी सी सड़क
छोटा बड़ा बस अड्डा, और पास में पंचायत घर
थोड़ी ही दूर एकलौता गाँव का स्कूल
मास्टर जी की छड़ी, जब जाते बच्चे कुछ भूल
बड़ा वाला मंदिर जिसमें बजते भजन पुराण
गाँव की बड़ी मस्जिद जिसमें होती पाँच दफे अज़ान
कनक, धान, बरसम और मक्के के खेत
खेतों में ट्यूबवेल का पानी, बालू मिट्टी और रेत
आती जाति बुग्गी, ट्रैक्टर और घोड़ा गाड़ी
मुफ़्त में चढ़ जाते बच्चे, ना कोई भाड़ा ना देहाड़ी

बड़े-बड़े से घेर, पशु-पक्षी खुला मैदान
बड़े-बड़े से कोठे, समाए जिस्में घेऊं, भुंस और धान
जगह-जगह खड़े कीकर के पेड़
गोबर के बिटोड़े और उनपे चढ़ती बेल
बचपन की याद, और बचपन के खेल
आँखों में भरा काजल और सर पे चपटा तेल
गिल्ली-डंडा, कंचे, टायर दौड़, और पकड़म पकड़ाई
टीले वाला मंदिर और ऊपर की चढ़ाई

मेले में जाना लेके पैसे आठ
लाना पाओ भर जलेबी, और आलू की चाट
मंदिर के पास बहती हिंडन नदी
जिसके पास अम्मा बाबा जाने न देते कदी

नदी में चलती आर और पार लकड़ी की दो चार नाव
और हिंडन पार कहती थी मम्मी होता था उनका गाँव
आस पास किनारे पर थी तरबूज़ खरबूज की पलेज
एक फांक भी खालो तो लगती थी मीठी जैसे कलेज

वापस घर के रास्ते में पड़ता था एक गहरा कूप
पानी उसमें था नहीं और अंदर ना जा पाती थी धूप
डरते-डरते बच्चे उसमें लेते थे अंदर झाँक
और गहराई उसकी देख कर जाते वे डर के भाग
कभी डला डाल कभी कांकड़ पत्थर, लेते गहराई नाप
और कबूतरों के उड़ने से जाते वो दूरी माप

घर-घर चूल्हे, नीम, ढोर डंगर और नलका
न्यार, गंडासा, भूंस और सरसों का खलका
फर्नीचर के नाम पर खटिया, पीढे और तखत
उठ जाते लोग तड़के तड़क, धीमे बीतता था दिन और बखत
हुक्का, चिलम, सुलगती हुई आँच
लोगों में सिधायी, मन की लिखी देते वे बाँच

खेतो किनारे खड़ी भांग बेधड़क
बूढ़े, बच्चे सब तोड़ लाते, पड़ता ना किसी को फर्क
गाय, भेंस, बैल, बकरी सबको मिलता था दुलार
जानवर वो होते थे लेकिन होता था उनका एक परिवार
जब भी ब्याती किसी के आँगन, घर-घर बंटता था खीस
सब बाँटते थे खुशियाँ, क्या गरीब क्या रईस

हर छोटी-छोटी बात से जुड़ी गाँव की रूह

वो वक्त वो एहसास आज भी लेता है आत्मा को छू
जैसे देखता हो मेरी ओर आज भी, ताकता हो मेरा मुँह
और कहता हो आना एक बार मिलने मुझसे तू

# 3. बाबा और उनकी आकाशवाणी

'ये है विविध भारती' से आरंभ होती थी भोर
ये वो वक़्त था जब संगीत मधुर हुआ करता था, ना कि शोर
वो प्राचीन पुराने गाने, वो सोंधी सी धुन
जिसमें होता था हर अक्षर का अर्थ, जैसे माला में दिया हो बुन

बस एक रेडियो ही थी बाबा के मनोरंजन का साधन
जिस गाँव में बिजली भी ना थी, वहाँ रेडियो थी एक अनमोल प्रसाधन
काले रंग की, पुरानी सी बहुत
जितनी पुरानी थी, उतनी ही थी अद्भुत
टूटी हुई कुछ जगह से, कहीं-कहीं थी खरौंच
नियम से मेरे बाबा उसको हर दिन देते थे पोंछ
एक तार से जोड़ कर रखे थे बाबा ने उसके पुर्ज़े
बंद पड़ जाती थी कभी, तो बाबा चला देते थे उसको फिरसे
कभी आवाज़ बढ़ाते, कभी मीटर चढ़ाते
जब कुछ ना करता काम, तो उसे ज़ोर से थपकाते

और फिर झट से चल पड़ती थी बाबा की रेडियो
जैसे सच्चा सा साथी अंग संग उनके हो
बुनी हुई एक खाट, और रेडियो सिरहाने
बाबा के हिलते पैर और गाने पुराने
एक हाथ में बीजना, और दूसरे पे ताल
कभी लेटे-लेटे तोड़ते सीने के वो बाल
हम भी बगल में उनके सुनते गानो की धुन
समझे ना समझे लेते हर गाना सुन

सुनते-सुनते कभी उनके पहलू में सो जाते
और सोते-सोते गहरे मीठे सपनों में खो जाते

रेडियो नहीं थी सिर्फ वो, एक हिस्सा था अप्रतिम
अधूरी है मेरे गाँव की कहानी जिसके बिन
वो गीत, वो धुन, वो सुनना आकाशवाणी
वो समाचार, वो आवाज़, और प्रसिद्ध अमीन सयानी
आज भी अगर सुन लें वो आवाज़ें, तो जैसे वक़्त सा लौट आता है
और बीता सा बचपन फिर से याद आ जाता है

यही तो है यादें, यही तो है जीवन
छोटी-छोटी बातें, जिनसे भरा होता है बचपन
कैसे उन यादों को हम जीवित रखते हैं
और कैसे उन्हें आने वाले कल में दीपित करते हैं
मैं भी अपने बचपन को गीतों में जिये जाऊँ
और कुछ उनकी वसीयत अपने बच्चों में भी दे जाऊँ

# 4. मेरा सफ़र मुकारी तक

मुकारी मेरी जन्मभूमि, मेरा गाँव है
मेरे लिए सिर्फ मेरा गाँव नहीं, एक मूल्यवान भाव है
वहाँ सिर्फ जाने के नाम से मैं फूल जाती थी
और बाकी सब आगे पीछे ऊपर नीचे भूल जाती थी

वहाँ पहुँचने के लिए हम तीन बस बदलते थे
और आखिर में गाँव पहुँच कर फिर थोड़ी देर और चलते थे
वो बसें पुरानी सी जिनकी टूटी होती थी खिड़कियाँ
आधा मुँह बाहर निकाल के हवा खाती हुई दो लड़कियाँ

रास्ता धीरे-धीरे शहर से गाँव में बदल जाता था
सड़क, आंगन, मकान का आकार ही बदल जाता था
सुंदर बदलाव था वो, जो मैं आज भी ढूंढती हूँ
जैसे अभी हूँ वहीं मैं, जब भी आँखें मूंदती हूँ

पहले पड़ाव पर हम बस बदलते थे
और दो सड़कों में से सीधे हाथ वाली सड़क पर चलते थे
वो बस हमें बागपत ले जाती थी
फिर वहाँ से हम पांची की ओर चलते थे
पांची में अगली बस कभी समय पर नहीं मिलती थी
स्पष्ट सी बात है इसमें ड्राइवर की ही गलती थी

एक पीपल की चौपाल पर बैठ कर हम करते थे इंतजार
आस पास वहाँ थी हलवाईयों की दुकानें हजार

कभी जलेबी तो कभी मिठाई खा ही लिया करते थे
ऐसे हम आखिरी बस का बेसबरी से इंतजार करते थे

वो लम्बी सी रंगीन बस, परांदों से घिरी हुई
अंदर बस के फर्श पर मूँगफलियाँ गिरी हुई
कहीं चने के, तो कहीं संतरे के छिलके
जल्दी से चढ़ जाना और चुनना सीट मिलके

फिर खो जाना और देखना बाहर के नज़ारों को
दूर-दूर तक फैले खेतों खलियानों को
कहीं ट्यूबवेल का शोर, तो कहीं कोल्हू की महक
कहीं कटती हुई फसल तो कहीं दौड़ते बच्चों की चहक

पूरे रास्ते बस खिड़की से बाहर झाँकते रहना
और हर एक घर, हर एक मोड़ को फिर से पहचानना
हर एक मीटर हर एक मील जैसे ख़ुशी बढ़ाता जाता था
वो रास्ता मुझे मेरे गाँव के करीब ले जाता था

रुकती थी बस फिर पंचायत घर के पास
लगभाग पूरी हो जाती मेरे गाँव जाने की आस
बस अड्डे से घर तक कुछ कदमों की वो सैर
देखते चलना वो रास्ता, आंगन, घर-बार एक बार फिर

हाथों से लकड़ी के दरवाज़े को खोलना
और अम्मा बाबा को देख सबसे पहले नमस्ते बोलना
आशिशों से भर जाती थी झोली और प्यार से दिल
अनमोल था वो वक़्त, क्या जाता था हमें मिल

क्या ही मिलता था उस घर में, क्या ही था वो गाँव
पर कह दे कोई और जगह हो वैसी, जैसी थी मेरे गाँव

# 5. मेरे बाबा की छवि

मध्यम कद लेकिन मज़बूत व्यक्तित्व
ऐसी थी मेरे बाबा की छवि
सफ़ेद लिबास धोती और कुर्ता
पैरों में पहना करते थे भूरे रंग का जूता
कुर्ते की बाहें थोड़ी लेते थे वो मोड
अपने में सम्पूर्ण, ना किसी की होड

कुर्ते में कुछ पैसे और माचिस की डब्बी
रखते थे हमेशा बाहर निकलते थे जब भी
सर्दियों में लपेटे गर्म चादर, रंग उसका भी सफ़ेद
जैसे समेटे हों चादर में, जीवन के वो अनेक भेद
गर्मियों में सूती कुर्ता, और अंदर पहने बनियान
घर के अंदर घुसते ही कुर्ता देते थे वो निकाल

भोर होते ही उनको चाहिए होती थी चाय पास
एक छोटी कटोरी और उनका अपना पीतल का गिलास
चाय के बाद करने जाते वो स्नान
और स्नान के बाद पूजा, भजन, सिमरन और ध्यान
एक बोरे का आसन और एक जल से भरा कलश
डेढ़ घंटे तक बाबा ना होते टस से मस

पाँच नंबर का चश्मा, जिसका शीशा था मोटा
रख देते वहीं किनारे, जहाँ रखा होता था लोटा
फिर छोटी-छोटी आँखें, आधी खुली आधी बंद

फड़फड़ाते से होंठ, बाँचते कोई मंत्र
बीच-बीच में उड़ती हुई बाधा को हटाते
और बिना ध्वनि के होंठ उनके लगातार फड़फड़ाते
सीधे हाथ में माला उनकी चढ़ती एक-एक मनका
जैसे कर रही हो हिसाब हर एक कण का, हर एक क्षण का
फिर अंत में लोटे से एक अंजुली पानी भरना
और कुछ बाँचते हुए, धरती को अर्पण करना

उसके बाद आती भोजन ग्रहण की बारी
दो रोटी और एक सब्जी बस इतनी सी थी उनकी थाली
दो निवाले वो तोड़ थाली में निकालते
और इस प्रकार खाने से पहले वो ईश्वर को जिमाते
सादा था उनका भोजन, और सात्विक था आहार
सादा था उनका जीवन, लेकिन उच्च थे विचार

फिर थोड़ी देर को संगत संग घेर में समय बिताते
दुनिया की और ज्ञान की, बातें उन्हें बताते
मित्रों में और संगत में था उनका बड़ा ही मान
सब पुकारते उनको पंडित जी और जानते बहुत महान
जीवन में हो कोई मुश्किल, या भटक गया कोई राह
वो आते बाबा के पास लेकर उत्तर की चाह
सहजता से बड़ी सुलझा देते वो, हर उलझी हुई गुत्थी
प्रेम भाव से खुल जाती समाधानों की मुट्ठी

दिन ढलने को आता और नल तक पहुँच जाती छत की छाँव
अम्मा कहती जाओ बाबा को चाय के लिए बुला ले आओ
भागे-भागे जाते हम सामने वाले घेर

पकड़ के हाथ उठाते, कहते करो ना बाबा देर
देखते-देखते यूँ ही सूरज और दिन ढल जाता
रात की पेट पूजा के बाद कहानी का नंबर आता

फ़िर सुबह-सुबह बिस्तर उठते, और हम तीनों भी उठ जाते
बाबा की गोदी में ना जाने कैसे तीनों ही साथ बैठ जाते
जैसा बाबा का दिल था वैसे ही गोदी थी उनकी विशाल
और फिर ढाक लेते तीनों को वो, ओढा के अपनी शाल

बाबा नहीं है जीवन में अब, पर वो ढाक आज भी है
उनके प्यार दुलार की गर्माहट आज भी है
चाहे गए हुए उनको बीत गया है वक्त, पर हर लम्हा आज भी है
उनकी मौजूदगी, आकृति, उपस्थति, उनका एहसास आज भी है

# 6. अदरक, चाय और अम्मा

गाँव की सुबह और अम्मा के हाथ की चाय
ऐसा मेल तो अब सोचो कहाँ ही मिल पाये
सूरज की किरण से पहले अम्मा का पतीला चढ़ जाता था
हल्का सा उजाला और मिट्टी का चूल्हा जल जाता था
पानी, पत्ती और अदरक का निर्धारित सा मेल
पकने देना आँच पर उसे काफ़ी देर
दूध डाल कर फिर चाय को अच्छे से खौलाती थी
लगभाग आधी सी हो जाती चाय इतना उबालती थी

लकड़ी की चारपाई और उस पर लगी मच्छरदानी
सुबह की ठंडी हवा और वो नींद सुहानी
फिर धीरे से अम्मा की आवाज 'लो पी लो चाय'
एकदम सही तापमान, ना ज़्यादा ठंडी ना गरम हो जाये
ऐसे तैयर करके अम्मा बच्चों की चाय लाती थी
और नींद से जगाने के लिए सर को प्यार से सहलाती थी

एक आँख बंद और दूसरी आधी खुली
आधी रजाई ऊपर आधी नीचे डली
एक घूंट में गिलास पूरा गटक जाना
और फिर एक बार, रजाई में भटक जाना

सूरज की किरण जब मुँह पर रखती थी हाथ
तब जा कर अलग होता था, आँखो से नींद का साथ
मुँह और चाय की मिठास अभी भी जुड़ी हुई थी

चूल्हे पर पतीली अभी भी चढ़ी हुई थी
कोई पूछ ले तो थोड़ी सी और पी ली जाए
पर पूछने से पहले मम्मी की भौहें चढ़ जाएं
फिर सोचना कि चलो कोई नहीं अब कल पियेंगे
गाँव में अम्मा की चाय बिना कैसे जियेंगे

पूरी छुट्टियाँ सुहानी नींद और चाय की वो जुगलबंदी
मम्मी की फटकार और गर्मियों की छुट्टियों की वो संधि
बस कुछ दिन की वो आज़ादी और छूट
अम्मा बाबा के प्यार की बेशुमार लूट

वो चाय थी मेल स्वाद, मिठास, खुशबू और गरमाहट का
जैसे मिला जुला सा मिश्रन प्रेम और चाहत का
कभी पूछ लेते हैं पापा शाम को क्या पिया जाए
तीनों बच्चे हम कहते हैं अम्मा वाली चाय

# 7. बीजना

बीजना गाँव में, होता है हाथ का पंखा
गर्मी के दिनों में ये होता है बड़े ही काम का
मई जून की दोपहरी और बाबा का पसीना
तुरंत उठा लेते थे वो हाथ में अपना बीजना

आयत आकार और रंग बिरंगा
ताड़ की पत्ती और बांस का डंडा
गर्मी से बेहाल, बाबा लेटते अपनी खाट पे
तुरंत ही पंखा उठा लेते सीधे हाथ में
फिर पैर के ऊपर पैर और घुमाते गोल-गोल
गुनगुनाते कोई धुन, ना कोई शब्द ना कोई बोल
दो बार उल्टे हाथ की तरफ, और फिर एक पटका सीधे
घुमाते-घुमाते पंखा, बाबा के हाथ जाते पसीजे

सफेद कोरी धोती और सफेद ही बनियान
सीधा पटका खा-खा कर थक जाती थी उनकी टांग
बनियान को वो आधा ऊपर सा चढ़ा लेते थे
और बगल में हम बच्चे उनके पेट पर हाथ घुमाते थे
बड़ी-बड़ी सी आँखें कर पूछते उनसे सवाल
इतना बड़ा कैसे हो गया आपका पेट, कैसे हुआ ये कमाल
बाबा भी दिलचस्पी से सुनते थे सवाल अजीब
फिर कहते, में निगल गया था तरबूज़ का बीज
हम नादान नन्हीं सी जान, मान लेते उनके तर्क
कहाँ ही जानते थे हम कल्पना और सच का फर्क

हम सोचते बाबा के पेट में अब तरबूज का पेड़ उगेगा
अगले दिन संतरा खाते देखते, कौन-कौन बीज निगलेगा

घंटों हाथ घुमाते, बाबा भी थक के सो जाते
लेते अजब खरांटे, उनके होंठ बस फड़फड़ाते
किस्से, कहानियाँ और बीजना फिराते, निकल जाती दोपहरी
बाबा की बगल में लेटे-लेटे, आती नींद बड़ी ही गहरी

साँझ को फिर ऊपर वाले का बीजना चल जाता था
और आंगन में खड़ा नीम सारे घर में ठंडक फैलाता था
माना आज इन्वर्टर, जनरेटर और बिजली का पंखा है
पर बीजना तो बीजना है, उसके जैसी हवा कहाँ है
हवा उन दिनों की, बचपन की, यादों की
हवा किस्सों की, कहानियों की, बातों की
जब दिन थे सरल और शामें थीं शांत
जब बीजना हर घर में होता था, ये है उन दिनों की बात

# 8. जुम्मा बाज़ार

गाँव में मेरे हर शुक्रवार लगता था
हर हफ़्ते ज़ोर शोर से जुम्मा बाज़ार लगता था
अम्मा से मैं जाने की ज़िद करती थी
जैसे ही एलान गाँव की मस्जिद करती थी
बाबा की शय से अम्मा मान ही जाती थी
बिना रुके उनके खा मैं कान जो जाती थी
अम्मा के बटुए से पाँच का सिक्का
खोलती लकड़ी का संदूक, रंग जिसका था हरा सा फीका

सहेलियों के संग मैं निकलती थी खरीदारी को
जैसे ले आउंगी खरीद के दुनिया सारी वो
हाथ में हाथ फिर जुम्मे में घूमना
लेना हो या ना हो, पर हर दुकान देखना

चलते फिरते लोगों से टकराना
और उनका फिर मुझसे ये पूछना
कि तेरा नाम क्या है, तू है किसकी
जवाब में मैं कहती, बिशंबर की, प्रदीप की
बाबा का नाम सुन के वाहवाई उनका बरसाना
और फिर मेरा अकड़ के, सर ऊँचा कर आगे बढ़ जाना

घर पहुँची तो अम्मा बोली
किस चीज़ से भर लाई झोली
सलवार उचका के, जो मैं आंगन में दौड़ी

छम छम छम छम मेरी नई पायल बोली
अम्मा का आँगन रुनझुन से भर गया
जुम्मा फिर एक बार अपने घर गया

# 9. सांझी

आरता री आरता, सांझी माई आरता
गाँव में सांझी के प्रति अलग ही प्यार था
मिट्टी की मूरत, पशु-पक्षी, पेड़ और पौधे
घर-घर में बारी-बारी से गीत कीर्तन होते

काहे का दिवला काहे की बाती
हर साँझ होते ही अम्मा थी दीपक जलाती
सोने का दिवला, रुई की बाती
दिया जलाने के बाद ही अम्मा कुछ थी खाती

ओ मेरी देवी क्या ओढ़ोगी, क्या पेहेरोगी
हम बच्चे तकते राह, कब साँझ होवेगी
शालू ओढूंगी, मिसरू पहनूंगी, सोने का शीश चढ़ाऊंगी
मैं भी बैठी रहती, कि अम्मा के साथ सांझी बनवाऊंगी

नौ न्योर्ते देवी के, सोलह कनागत पित्रों के
पूजा पाठ, भजन कीर्तन, मेल जोल, सखियों मित्रों के
उठ मेरी देवी खोल किवाड़, बाहर खड़े तेरे पूजनहार
काश हो हम गाँव में ही, जब भी आए सांझी हर बार

# 10. छत जहाँ तारे बोलते हैं

अधूरा होगा मेरे जीवन का सफर
जो हटा दूँ उसमें से मैं अपने गाँव का घर
मूल है वो, आधार है, बुनियाद है, संसार है
जन्मे, पले, बड़े हुए, जहाँ गम और खुशियों का अंबार है

लकड़ी का दरवाजा, दरवाजे पर सांकल
जिसके अंदर बीता हर महीन, हर महत्वपूर्ण पल
मिट्टी से लीपा आंगन, आंगन में नीम का पेड़
पेड़ पर झूल, जिस पर झूलते हम काफ़ी देर

बीचो बीच आंगन के पानी का वो नलका
जिसकी बूंदे लिए हिसाब हर घड़ी हर पल का
घर का भार उठाए चार थम्बले
मिट्टी में बोए पोधे ना हंडिया ना गमले

बरांदे में बना वो दो कामरो के बीच बड़ा सा आला
खुला हुआ सा जैसे दिल हो घर का, ना कोई परदा ना कोई जाला
आले में रखा काँच का बड़ा सा लैंप पुराना
काम था जिसका शाम को घर में रोशनी फैलाना

दो कमरे आजू बाजू, एक तखत एक जाली वाला
एक समान से भरा, एक अनाज से, दोनों में कम रहता उजाला
सीधे हाथ के कमरे में था पूजा का एक आला
जिसमें अम्मा जलाती दीपक और रखती फूलों की माला

आले के ऊपर लटकी एक बड़ी सी चौकोर घड़ी
पीछे बनी दो पिल्लों की तस्वीर और दो सुइयां छोटी बड़ी

दरवाज़े से लगा हुआ, हरा संदूक लकड़ी का
जिसमें रखा अम्मा का बटुआ और संग्रह साड़ियों का
वहीं उल्टे हाथ पर रखा मिट्टी का भंडारन
जिसमें जमा होता गेहूँ, चावल, और बाकी सारा राशन

दरवाजे के सामने रखी काली लोहे की अलमारी
जिसमें रखती अम्मा दूध, मलाई और जिसे कहती थी वो जाली
जाली के पीछे पटिया पर रखे मंजे हुए बरतन
और वहीं ऊपर दीवार पर टंगा हुआ छोटा सा दर्पण

कोने में उस कमरे के था बड़ा सा लोहे का बक्सा
दोहर, रजाई, खेश और कंबल, इसलिए खुलता था वो अक्सर
एक खटिया भी थी कमरे में, ये कमरा था जाली वाला
एक डिबिया भी थी रोशनी की, जिसे शाम को अम्मा देती थी जला

कमरे के बाहर, दीवार से लगा चूल्हा मिट्टी का
चूल्हे के बगल में था दो पाटा चक्की का
वहीं पास में रखी गैस और छोटी सी रसोई
जहाँ पकाती अम्मा खाना, बेंगन, लोकी और तुरोई

रसोई के आगे छत पर चढ़ता हुआ जीना
जिसपे टँगे रहते हम बच्चे, अम्मा बाबा जाते कभी ना
ऊपर तीन हिस्सों में बटी हुई वो छत थी
दो मिट्टी से लिपी हुई और एक उनमें पक्की थी

छत के चारों ओर लगी छोटी सी मुंडेर
जिसपे लटके रहते हम दिन रात देर सवेर
छत को आधा सा ढका हुआ नीम का वो पेड़
नीचे उसके बैठ हम देते उसकी निम्बोरिया छेड़
सांकरा सा छत का छज्जा देता पूरे घर का दर्श
वो फूलों की क्यारी, पानी का नलका, मिट्टी का फर्श

बरांदे के उल्टे हाथ पर दूसरा था कमरा
जिसमें सोफा, तख़त, एक बक्सा और ड्रेसिंग टेबल था रखा
बीच में एक आला और उसमें बाबा की किताबें
जैसे ज्ञान का हो भंडार, ग्रहण करलो कितना भी
ड्रेसिंग टेबल पर हम चिड़ियों का सारे दिन लटके रहना
और आते जाते दर्पण में अपने प्रतिबिम्ब को तकते रहना

गर्मियों में ये कमरा रहता था खाली-खाली
सोते सब आंगन में, सबकी खटिया वहाँ जाति डाली
पर सर्दी में ये अपना सबसे प्रिय कमरा बन जाता था
यही तो कमरा था जो सबसे ज्यादा गर्माता था

कमरे के बाहर बिछा हुआ बड़ा सा तख़त
जिसपे लेट के दुपहरी में बीत जाता था वक्त
तख़त के बाजू में कंडों का ढेर
लेती अम्मा उपले वहाँ से, जलाने को चूल्हा कई बेर
वहीं पास के थंबलो बीच पड़ी थी एक झूल
जिसमें झूलते-झूलते हम वक्त जाते थे भूल

मेरे गाँव का घर, बचपन वाली उमर

बाबा के किस्से कहानियाँ, सही ग़लत का डर
अम्मा की चाय, दूध और मलाई
अपने हाथ की बनी हर चीज जो उन्होनें खिलाई

वो घर, वो आंगन, वो चौबारा
बाबा के आने की आहट और ज़ोर का हुंकारा
असीम स्मृतियाँ, खुशियाँ और खुला आसमान
जिस मिट्टी में जन्मे, पनपे और हुए जवान
कोई कह दे ऐसी जगह है क्या कहाँ
बस्ते हैं जिस घर में मेरे प्राण मेरी आत्मा

# 11. घर, गलियाँ और गुलाल

क्या कभी देखी है गाँव की होली
बच्चों, बड़ों, सखियों की टोली

रंग से एक दिन पहले हम चिड़ियों का मिल जाना
अपने-अपने घरों से बुरकले उठाना
साँझ के वक्त घरों के किवाड़ खटखटाना
और हर घर में छोटे-छोटे बुरकले डाल आना

हर कोई कहाँ जानता है क्या होते हैं बुरकले
छोटे-छोटे, गोल-गोल, गाय के गोबर के बने उपले
उनको पिरो के एक रस्सी में बनायी जाती है माला
फिर घर-घर होलिका दहन के दिन जाता है उनको डाला

क्या कभी देखी है गाँव की होली
बुरकलो से भरना घर और आशीषो से अपनी झोली

रंग वाली होली, गाँव में कहते हैं जिसे दुल्हैंडी
अबीर, कीचड़, गारा, पानी संग, चाहे गर्मी हो या ठंडी
पहन के पुराने कपड़े, उठा के हाथ में पिचकारी
लेकर पानी की बाल्टी उड़ेल देना सारी की सारी

कीचड़ के गड्ढे, माटी की गारा
कपड़ो का वो हाल, के काम ना आएँ दोबारा
नल से अविराम भरती हुई बाल्टी

जिस से मिली नज़र उसी पर जाए डाल दी
छोटे-छोटे बच्चे भी, मग्गों से करते अक्रामन
बूढ़े निहारते दूर से, देखते भीगते तन और मन

क्या कभी देखी है गाँव की होली
रंगो की, माटी की, नीर की, और रिश्तों की बोली

और आख़िर में ढोल और नाच का स्वांग
बेहिसाब करना धमाल जैसे पी ली हो भोले की भांग
बीच में नारी सा भेस लिए एक नर
लपेटे हुए साड़ी और पल्लू लिए सर
नापते गाँव की गलियाँ और चौबारे
होली के रंग में लिपटे सारे के सारे

हाँ मैंने देखी है गाँव की होली
चाव की, उमंग की, और प्रेम की बोली

# 12. अम्मा की गोद

उनकी गोद कुछ ऐसा कर देती थी
मेरी भागती सी धड़कन को धीमा कर देती थी
फ़िर जब लेती थी वो अपने हाथ में मेरा सर
बस उतना सा होता था, कुछ पल के लिए मेरा घर

उन हाथों की गरमाहट, आँखों से झलकती चाहत
बालों को सहलाती उंगलियां, और उनकी सांसों की आहट
मेरे हर मसले, हर फ़िक्र को भुला दिया करती थी
उमर चाहे कितनी रही हो मेरी, मुझे फिर से बच्चा बना दिया करती थी

मेरे बालों को सुलझाते, वो बातों में उलझा दिया करती थी
और कहाँ की बात को कहाँ पहुँचा दिया करती थी
बस कोई सुनता रहे उनके किस्से, और हुंकारा भरता रहे
कोई बैठा रहे पास और उनसे बातें करता रहे

वो गोद भी याद है, बातें भी
वो दिन भी याद है, रातें भी
कभी आँख बंद करके, तो कभी खोल कर
मेहसूस करती हूँ उनका स्पर्श, उनका हर अक्षर

कैसे कहती थी, कैसे हँसती थी, कभी गुस्से में तो कभी बच्चों सी
लड़ती थी
बस यहीं रहीं जो साथ, अब साथ वो हैं क्यों नहीं
नाजाने हैं कहाँ, क्यों हो गई "हैं" से "थी"

# 13. बाबा की ज़ुबानी

बाबा की कहानियाँ, मेरे बचपन का अविस्मरणीय हिस्सा
उनकी लघु कथाएँ, चौपाई, और हर विचित्र किस्सा
छुट्टियों का ये अंश सबसे सुहाना था
चाहे कितनी बार सुना हो, नया सा लगता हर अध्याय जो पुराना था

बस दिन ढलते ही बाबा को लेकर बैठ जाना
एक ही चारपाई में बाबा संग तीनों का लेट जाना
फिर उनका पूछना हमसे हमारी छुट्टी की अवधि
उसके हिसाब से तय करते वो रामचरितमानस की गति
दोहा संस्कृत में, और फिर समझाते उसका सार
कैसे किया राम जी ने वानर सेना के साथ समुद्र पार

सुनते-सुनते हम एक अलग ही दुनिया में खो जाते
जैसे कल्पना और सोच के अलग ही द्वार खुल जाते
हर पंक्ति पर हुंकारा भरना था जरूरी
जानने के लिए के नन्ही अँखियाँ जाग रही या सो रही
हम भी तीनो हुंकारे का गीत सा साथ गाते
और मजाल है कि पूरी कहानी सुने बिना सो जाते

कुठला, मुल्ला और जाट, हुकहुकी और लुटलुटी
ऐतिहासिक, आध्यात्मिक, कालपनिक और आप बीती
कहानियों का सिलसिला बस ख़त्म न हो, जब हो जाए शुरू
सुनने के लिए बैठे रहते हम 'चल मेरे कुठले टूर्रक टू'
संस्कृत की चौपाई और फिर हिंदी में उसका अर्थ

रावण की महिमा और कैसे किया उसने जीवन व्यर्थ
फिर अंत में रुकना सिर्फ एक वाक्य सुनने को
कहो कहानी पियो पानी, राजा राज प्रजा सुखी
कहने वाले का भला हो, और बिट्टू की नाक पर डाला हो जाओ
ठाहाके लगा के हँसना और अपनी चारपाई पर लौट जाना
हल्की सी मुस्कान लिए निफ्राम हो कर सोजना

कथाओं का जैसे एक असीम भंडार था उनके पास
कोई भी व्याख्या आम नहीं थी उनकी, हर कथन था उनका खास
सिर्फ मनोरंजन नहीं हर बात में उनकी कोई सीख थी
वो बातों-बातों में समझा देते क्या बात गलत क्या ठीक थी

कहानियों के रूप में अपनी धरोहर दे गए वो
और लिखने सुनाने का एक जौहर दे गए वो
उनके जैसा तो नहीं पर मिलता जुलता सा
मैं भी साझा कर पाऊँ जीवन का वृत्तांत, हर आम और अहम किस्सा

# 14. लुभाव

गिनी चुनी दुकानें, गिने चुने भंडार
जिसमें लेने जाते हम सामान कई बार
दो थी उनमें से मुख्य, एक लखमी एक पिंटू
जो बोलती अम्मा वो लाते हम, ना कोई किंतु ना परंतु

वो वक्त था ऐसा, जहाँ सब आवश्यक मिल जाता था
पैसे हो तो ठीक, वरना अनाज भी चल जाता था
हमने भी एक कटोरी अनाज से टॉफियां खाई हैं
चवन्नी रुपैया दे बाबा ने वहाँ से कई चीजें मंगवाई हैं

जाते तो थे हम, और लाते थे सामान खरीद
पर उसके पीछे होता था कुछ लालच, एक छोटी सी उम्मीद
खरीदारी पर दुकान से, हम माँगते थे लुभाव
जिसे पाने का और खाने का होता था अलग ही चाव
लुभाव में मुट्ठी भर नमकीन, टोफी या मिलता था एक बिस्कुट
पाकर जिसे हम थोड़ा सा भी, हो जाते थे बहुत खुश

जीवन भी तो अक्सर हमें लुभाव देता है
देता है सबक, अंजानी खुशियाँ और अनुभव भी देता है
जब हो मुश्किल का समय, या लगे वक़्त ख़राब
तो मांग लेना जीवन से थोड़ा सा लुभाव

# 15. एक मनियार

चूल्हे पर अम्मा, नलके पर माँ
बच्चों से पूरा आंगन भरा हुआ
कोई आया है, हुई दरवाजे पर दस्तक
जल्दी से मम्मी ने डाल लिया घूंघट
सर पर पेटी लिए हुए, कोई बाहर आया है
अरे ये तो चूड़ी वाला मनियार, चूड़ियाँ लाया है

बूढ़ा सा आदमी, सफेद कुर्ता सलवार
ये था मेरे गाँव का एक मनियार
सर पर बांधे साफा, और हाथ में बटुए की गांठ
मुँह पर सफ़ेद दाढ़ी, और एक टूटा हुआ आगे का दाँत

काँच की चूड़ियों से भरी हुई पेटी
जिस पर सफ़ेद सूती सी एक चादर थी लपेटी
चार तरफ से लगी हुई, खोली उसने फिर गाँठ
और छोटी-बड़ी कलाइयों में दी चूड़ियाँ बाँट

हथेली की चोंच बना कर फंसा दी गोल-गोल चूड़ियाँ
उमर की कोई पूछ नहीं, बच्ची, जवान और बुढियां
मैंने भी हरी चूड़ियों से भर ली अपनी कलाई
एक-एक कर उसने सबको चूड़ी पहनाईं
रंगों और चमकीलों से भर दिये उसने हाथ
फिर थोड़ी देर बैठा वो, करने इधर-उधर की बात
पी कर एक प्याली चाय की, उठाई उसने पेटी

मुस्कुरा के बोला वो खुश रहना प्यारी बेटी

क्या आते हैं आज भी गाँव में मनियार?
क्या आज भी है नन्हीं चिड़ियों को चूड़ियों से प्यार?

# 16. रविवार की रौनक

सीमित बिजली का संयोजन, बिजली वाले दो-चार घर
बस दो ही घरों में चक्की, आती बिजली भी कमतर
वहीं इक्का-दुक्का घर में रखा होता था टेलीविजन
जिस पर चैनल के नाम पे सिर्फ आता था दूरदर्शन

पर रविवार की सुबह को, घर आँगन तक भर जाता था
क्योंकि सुबह-सुबह टीवी पर रामायण जो आता था
उस चक्की वाले घर में, जैसे मेला गया हो लग
हर दिन साधारण होता था, पर रविवार की बात ही होती थी अलग

राम जी का वनवास और पूरा गाँव संगीन
एक श्वेत-श्याम टेलीविजन, तब कहाँ होता था रंगीन
घूंघट के अंदर सुबकती सी लखमी की बहू
और गमछे से अश्रु पोंछता बिरजू

अगले प्रकरण में लंका जलाते हनुमान
और बंदर जैसे उछलता कूदता, गाँव का हर इंसान
एक छोटा सा टीवी और टीवी के आगे जलती धूप
किरदारों को रामायण के वो मान लेते भगवान स्वरूप
कार्यक्रम की शुरूआत में आरती करती दादी
और आधी स्क्रीन फूल माला टांगने से ही ढक जाती

सीधे थे लोग, मासूमियत भी थी ज़हन में
ना कोई दिखावा, ना ही बनावट, सिधाई थी रहन-सहन में

कम थे साधन, कम थे उपकरण और कम थी ज़रुरतें
ना फोन, ना टीवी, ना लैपटॉप, लोग मिलते थे तो करते थे बातें

# 17. मेरी अम्मा के हाथ

जैसे उनके जीवन ने बुढ़ापा और जवानी देखी है
मैंने अपनी अम्मा के हाथों में एक कहानी देखी है
जैसे-जैसे हाथों में वो झुरिया चढ़ती गयीं
वैसे-वैसे उन हाथों की गर्माहट बढ़ती गयी
उनके हाथों की लकीरें जैसे नदी की धाराएँ
वक्त के साथ और भी गहराती गयीं

घर भुआरना, आँगन संवारना
उबले हुए दूध की मलाई उतारना
चूल्हे की राख को क्यारियों में फैलाना
और अपने हाथों से चूल्हे को दोबारा सजाना

पानी के हाथ की रोटी और लाल मिर्च की चटनी
बेशुमार घी, या फ़िर ताज़ा-ताज़ा नोनी
रोटी को अपने हाथों से फिर चूरना
और फिर प्यार से मेरी थाली में परोसना
स्वाद तो वो अम्मा के हाथों का था, जिसके बिना रोटी भी फीकी है
मैंने अपनी अम्मा के हाथों में एक कहानी देखी है

सुबह की नींद में अपने आँचल में सर रखना
फिर अपनी बातों से मुझे नींद से उठाना
बातों के साथ अपने हाथों से सहलाना
और हल्के-हल्के मेरे सर पर हाथ फिराना
जितनी भी देर बैठी हो वो, ना दुलार करने में थकना

मिंटो में नहीं, घंटो में सुबह होती देखी है
मैंने अपनी अम्मा के हाथों में एक कहानी देखी है

मिलने पर ढेरों आशीष, और सर पर उनका हाथ
जाने पर देना पैसे हमेशा, वो खोलना पल्लू की गांठ
हाथ के इशारों से बुलाना पास, कहने कुछ बात
और फिर हाथों के स्पर्श से कर देना मेरे दिन को रात
मैं बच्ची से मेरे बच्चों तक, उन हाथों ने हर मुश्किल हर आसानी देखी है
मैंने अपनी अम्मा के हाथों में एक कहानी देखी है

काजल लगाने से, नज़र उतारने तक
पल्लू से पोंछने से, पल्लू पहनाने तक
हाथों से खिलाने से, पकाना सिखाने तक
और गोद में सुलाने से, गोद में सो जाने तक
एक सदी, एक यात्रा, कभी अनकही कभी बखानी देखी है
मैंने अपनी अम्मा के हाथों में एक कहानी देखी है

# 18. बाबा की लाठी

शीशम की लकड़ी की, वो मेरे बाबा की लाठी
उनकी लाठी की 'ना' भी, हमारे लिए तो 'हाँ' थी
पापा कहते हैं, बाबा बड़े ही सख्त थे
पर हम बच्चों के बचपन का, वो सबसे अच्छा वक़्त थे
धोती-कुर्ता और उनकी लाठी थी उनका पहनावा
उनका व्यक्तित्व था एक सुलझा सा दृढ़ परछावा

घर से निकलना, लिये लाठी हाथ में
वापस आना पकड़े, कुछ सामान साथ में
दरवाज़े पर सचेत करने को फिर खाँसना
और लाठी से अपनी, दो तीन बार थापना
दुकान से बाबा कभी खाली हाथ ना लौटे
लाये हमेशा कभी टॉफी, कभी बिस्किट, कभी फल मोटे- मोटे
वो रखते थे लाठी, पर उठाई कभी नहीं
बिना लाठी उन्होंने बांटे संस्कार सभी
उनकी बातें ही थी हमारी सही गलत की लाठी
बाबा थे वो हमारे, हमारे बचपन के साथी

वो हैं नहीं अब, पर उनकी लाठी तो है अपने साथ
दिखती नहीं, ना वो दिखते हैं, पर हैं पकड़े आज भी हाथ
उनकी वसीयत, उनके विचार, उनकी समझाई हर बात
उनकी लाठी और उसकी आवाज, रहेगी सदा ही याद

# 19. मेरे आँगन में एक चूल्हा है

मैंने अपने आँगन में एक चूल्हा बनाया है
कुछ ईंटों को मिलाकर एक आकार बनाया है
मिट्टी और पानी को हाथों से सींचकर
चूल्हे पर प्यार से फिर हाथ फिराया है
मैंने अपने आँगन में एक चूल्हा बनाया

यूँ तो वैसा ही लगता है जैसा अम्मा बनाती थी
जिस पर वो अपने हाथों से खाना पकाती थी
पहले करसी लगाती फिर आँच सुलगाती
कभी चूल्हे की रोटी, कभी दूध गरमाती थी
मैंने भी आँगन में एक चूल्हा बनाया है
अपनी यादों का एक छोटा सा बीज उगाया है

सब कहते हैं समय बर्बाद कर रही हूँ
बेकार मैं क्यों गंदे हाथ कर रही हूँ
उन्हें क्या बोलूं कि समय बर्बाद नहीं ये
ऐसे मैं उनको याद कर रही हूँ
हाँ मैने आँगन में एक चूल्हा बनाया है
चूल्हे को नहीं मैंने यादों को सजाया है

साँझ होते ही मैं बैठ जाती हूँ
थोड़ी देर अपना आँगन निहारती हूँ
अंजान सा मकान भी अब जाना सा लगता है
कुछ है मेरे सामने जो अपना सा लगता है

मैंने अपने आँगन में एक चूल्हा बनाया है
चूल्हा सिर्फ मिट्टी का नहीं, अपना परिचय बनाया है

और यही तो हम आगे बढ़ाते हैं
रीति, रिवाज, परंपरा बनाते है
छोटे बड़े पलों को दिल से लगाते हैं
और आने वाली पीढ़ी को प्यार दे जाते हैं
क्यों मैंने अपने आँगन में एक चूल्हा बनाया है
चूल्हा नहीं, चूल्हे में अपना संसार बनाया है

# 20. डोर

कोई डोरी थी अपने बीच, कोई गहरा नाता था
कुछ साल ही सही, पर माना उनको मैंने माँ था
एक बाबा थे, एक अम्मा थी, मेरा एक गाँव था
मेरी यादें, मेरी दुनिया, मेरे बचपन की छाँव था
अम्मा की साड़ी, और बाबा की लाठी
करनी हर ज़िद पूरी, उनकी तो ना भी हाँ थी
प्यार, दुलार, और देख भाल की हर सीमा
हर पल में जन्मों, वक़्त तेज़ चला या धीमा

वो खेल-खेल में अपने हाथों से निवाले बनाना
गोदी में अपनी बैठा के, बातों-बातों में खिलाना
धूप में अपने आँचल से मुझ नन्हीं को ढक लेना
और फिर उँगलियाँ अपनी, मेरे कान पर फिराना
बस एक, दो और तीन क्षण में, झट से मेरा सो जाना
और फिर धीमे से उनका मेरे सिरहाने से उठ जाना

उन हाथों की वो नरमी, और आँचल की छाँव
वो ही तो थी बस अब, मेरा वो घर मेरा वो गाँव
उनके चांदी से बाल और छोटी सी चोटी
उनकी काँच की चूड़ी और हल्की सी धोती
देर तक उनका अपनी साड़ी को संभालना
बालों की पतली सी चोटी में काला रिबन लगाना

जब हाथों में लेके उनका हाथ मैं सिलवटें पढ़ती थी

"अब बूढ़ी हो गई हूँ मैं", तब वो ऐसी कहती थी
मेरी अम्मा का स्पर्श, मेरी अम्मा की गोदी
काश ही दुनिया में कोई ऐसी जगह और होती
जिस आँचल में दुनिया भर का था सुकून
वो सुकून, वो गोद मैं सबसे ज़्यादा याद करती हूँ

भावनाओं को शब्दों में कैसे पिरोऊँ
कैसे बताऊँ उनके अभाव में मैं कैसी हूँ
जैसे बचपन में छूट गया था मेरा गाँव
हल्की सी पड़ गई थी ममता की छाँव
जैसे जीवन की बही में से फट गए कुछ पन्ने
वो अब हैं नहीं, जिन्हें चाहती थी मैं देखने और सुनने

बस यादें हैं अब, और संस्कारों की वसीयत है
जो सिखाया उन्होंने, नेक दिल साफ नीयत है
जीवित रखेंगे उनको, छोटी-छोटी रस्में और रीतों में
शामिल तो होंगे ही वो, हमारी हार और जीतों में
होली, दिवाली, सांझी, सलूने
हर तीज त्यौहार जो बताया उन्होंने
जीवित रहेंगे वो हो कर भी गुम
क्योंकि वक़्त गुज़र जाता है, पर प्यार नहीं होता है कम

# 21. ब्रह्माण्ड में चमकती कहीं

अब वो मुझे दिखती नहीं, अब वो मुझे मिलती नहीं
उधड़े हुए मेरे सीने को, अपने प्यार से सिलती नहीं
घंटो अपनी गोदी में रखती थी मेरा सर कभी
आज वो पुकारने पर भी क्यों ज़रा हिलती नहीं
किस्सों की पोटली से जो भर देती थी मेरे कान
क्यों वो आज यूँ चुप है, क्यों वो कुछ बोलती नहीं
उन्हें रोक लूँ, जाने ना दूँ, बस थोड़ी देर और देख लूँ
सामने ही तो है मेरे, पर सामने दिखती नहीं

ना मैं रो सकूँ, ना सो सकूँ, ना मैं चुप रहूँ, ना केह सकूँ
कि जो छाँव थी, आँचल जो था, वो बह गया अब है नहीं
गरमाहट थी वो, दिल पे सेक थी, दुआएँ भी उनकी अनेक थी
होंगे रिश्ते बहुत दुनिया में, मेरी तो बस वो एक थी
संपूर्ण थी जिसकी रोशनी से दुनिया, बाती वो अब बलती नहीं
यही रीत है तो क्यों है ये, किसी की भी तो गलती नहीं
सुकून से रहना अम्मा मेरी, उठने की अब कोई जल्दी नहीं
तुझे देखूंगी अब चांद में, आकाश में, सितारों में
होगी खुश तू जहाँ भी होगी अभी, ब्रह्माण्ड में चमकती कहीं

www.ingramcontent.com/pod-product-compliance
Lightning Source LLC
Chambersburg PA
CBHW070649240926
51846CB00003BA/841
* 9 7 8 9 3 7 2 1 3 2 9 5 3 *